C. W. AIGNER
LANDSOLO

C. W. AIGNER

LANDSOLO

GEDICHTE

OTTO MÜLLER VERLAG

2. Auflage

ISBN 3-7013-0861-6
© 1993 OTTO MÜLLER VERLAG SALZBURG/WIEN
Satz: Fotosatz Rizner, Salzburg
Druck: Druckerei Roser, Salzburg
Bindung: Buchbinderei Almesberger, Salzburg

„Wir suchten selbständige Gegenstände für die jetzige Zeit zu verfertigen mit Spuren des Lernens an vergangenen Zeiten."

Adalbert Stifter *Der Nachsommer*

Weshalb anklagen? Ich bin froh,
daß ich diese Welt sehen darf.
Nur denke ich nach, auf welche Weise
es möglich ist, diese Welt wahrzunehmen.
Also erfinde ich Bilder. Oder finde ich?

VERSTECKE

So viele Leitungen
ein überspanntes Land
Hocken ein paar versprengte
wilde Tiere in Bauminseln
Resten von Gebüsch

DIE HAND

Kurzhaarland
mit vollbärtigen Hügeln
Darüber streicht die große
unsichtbare Hand
Wer noch ein Rückgrat
hat geht hin
und neigt den Nacken

KLEINE FAHNEN

Jedes Erinnern beginnt
mit einer kleinen Trauer
Meine Tage sind erzählt
die Jahre aufgebettet
Hab kleine zitternde Fahnen
Erinnerungsfahnen vorm Mund

WARTEN

Bei soviel Warten
hat jeder Stein
am Strand meines Dorfs
die Form eines Herzens
pulsiert in der Hand
Der Sand der durch
die Finger rinnt
zerriebene Herzen

AUF UNS

Was tun die Wolken
Spülen die Angst
mit Regen hinunter
Der Regen regnet
sich in Rausch

VERWANDLUNG

Das Wasser löst aus dem Teppich
der untergehenden Sonne
Goldfische. Die schwimmen in Gruppen
hintereinander zum Strand

SCHLECHTWETTER

Auf biegsamen Beinen
laufen die Wolken
kriechen auf Berge beugen die Bäume
stehen in Ebenen festgeklebt
trüben die Wässer
wie längst die Lügen
auf langen Beinen

DOKTOR MOND

Aus dem Nebel schwimmt
der Mond ans Fensterkreuz
klopft mit zwei Stacheln an
zum Aderlaß
Das macht er nur wenn wer
zuviel verdorbenes
Vertraun gefressen hat

HOCH IM JAHR

Kaum noch heben die Tage die Füße
Sind viel schon vergangen
Hinterlassen Ackerfurchen
Ihr Atem dampft
Werden weiß über Nacht liegen
lang auf uns

SCHÖNE RUHIGE WELT

Leise Kinder leise
Schrein die Eidechsen vielleicht
rupft man ihre Beine aus
Macht die Katze viel Geräusch
wenn sie ihre Kleinen kriegt
Auch das Werk im Tal raucht still
und die weise Eule fliegt
lautlos wenn sie Beute will
Erinnert euch im Nachbarhaus
liegen Mann und Frau im Blut
niemand hört es fließen

AUSFLUG

Erfinde eine Freundin
mit einer senkrechten Falte
über der Nase
Lichtschellen auf der Haut

Sie fliegt voran mit schwingendem Rock
durchs leibliche Laub
Fröhliche Felder saure Wiesen

— —

— — — — — — —

Bis zur Brust im Bach
Ich erfinde weiter
Wer erfindet findet

Später erzähl ich: das Wasser hat zärtlich
seinen Kopf am Land gerieben.

WELLEN

Wellen mit den Rücken
tauchender Delphine
Wellen mit schmelzenden Schneiden
die kämmen uns die Zehen
Wenn jemand statt zu weinen
fest die Augen schließt

ZWEIFACHER HERBST

Ins glatte Wasser gerutscht
Ufer rothaarige Wälder
wachsen aus Wolken
Spielkartentage
Doppelt fährt ein Kahn
Angler angeln sich selbst

INSEL

Schon kleinsten Bächen schwillt der Kamm
Dem See läuft schmatzend das Wasser zusammen
Wird sich einer bücken und später
im Schlamm im Schilf eine Insel bilden
mit seinem Rücken

DIESER MORGEN

Dieser Morgen trägt
Seetang unter der Nase
schüttelt Schuppen aufs Meer
Sprühwasser uns ins Gesicht
grad genug um die Wolken
von den Augen zu lösen
Kurz schlürft die Sonne
aus glänzenden Löffeln

WALDSEE

Wer ist hier eingedrungen und untergegangen
Sonnenlocken liegen auf dem Wasser
Im Schlamm ein Lichtkopf mit Gesicht nach unten
Schon nähen Tannen und Fichten sich ein in den Abend

PORTRÄT DES MÄDCHENS ALS JUNGE FRAU

Eines Morgens ist Licht
von Felshängen gestürzt
auf deinem Kopf zersprungen
Splitter im Haar
und unterm Strohhut noch
bis weit in die Augen

MITTE DES SEES

An unsere Körper grenzt ein See
dunkelgrün mit weißem Rand
kleinen Buchten wo das Licht
sich beugt und am Wasser saugt
in der Mitte geriffelt als stünden
tausende fingergroße Feen
und bewegten nur die Zehen
Unsere Augen vier Forellen
tauchen aneinander zum Grund

SPEKTRUM

Du nimmst mich an der Hand und zeigst
mit meinem Finger zu den Hügeln

Dort strickt der Ginster unter klarem
Himmel sich Sonnen an die Nadeln

Das Abendrot sind deine Lippen
Feuer hinter einem Baum

STUNDEN

Seltsame Stunden gibt es
da darf man nicht versäumen

zwei Hände Wind zu schöpfen
und in die Nacht zu halten
Ein Stern wird darin atmen

Das gleiche tun mit Wasser
Rein muß das Angebot sein
Ein Stern wird daraus trinken

Zwei Sterne werden
über dich wachen

BRÜCKE

Unterm fließenden Laub
der geschuppten Platanen
dem Sturm geneigt
neben den Wassern
die alles waschen
Über diese Brücke
geh ich auf dich zu

EINDRUCK

Nah beim Hals an meiner Schulter
hat sich die Haut nach innen gewölbt
Wenn ich mich recht entsinne
ganz in der Form deiner Wange

Ich rhythmisiere die Einsamkeit.

DIE EULE
 Für G. Sp.

Einmal beugt sich
die Nacht und öffnet
mit ihrer Sichel
deine Brust
Dann fliegt auf
die Eule des Einsamen

AM FENSTER

Wegrollen des kurzen Gewitters
wie in der Brust nach dem Husten
Ein Baum fächelt sich Luft zu
Mondsplitter Zweige Lichttropfen
Vielleicht sieht jemand durchs gleiche
Nachtkaleidoskop

NACH DEM WINTER

Nichts hat sich ereignet
Hab Holz gehackt und das Holz
redete von Glut
zweiundzwanzig Briefe
geschrieben zwei erhalten
dem Regen zugesehn
wie er vom Wind auf Händen
getragen wurde und doch fiel
Ein anderer bin ich jetzt

TRINKER

Meine Stirne in der Schlinge
Das Schläfenfeuer bitte löschen
Der Schankraum ist ein kleines Schiff
Meine Adern dick wie Taue
Man müßte fortgehn wenn es ginge
Mir läuft die Kindheit durch die Kehle

TONERDE

Die Bäume dirigieren
Sturm mit blitzenden Stäben
Vom Blatt spielt der Regen
unter donnerndem Applaus

AUF SAURER WIESE

Hier setz ich mich
das Gras steht hoch
Drüben verneigt sich das Schilf
Braut sich etwas zusammen
Der Halm gespannt zwischen Daumen
an meinem Mund
schneidet Töne
Die Lockrufe grenzen mich aus

WINDGIER

Wie die Blätter schneller atmen
Äste greifen sich ein unsichtbares Stück
fressen es bis auf die Knochen
Die Bäume berauschen sich am Wind

ENDE DEZEMBER

Weithin hängt
nasse gebleichte Wäsche

mit alten Obstgärten bestickt
sehr ausgewaschen
Reihern auf glänzender Wiese
einem Schwan verschwimmend

Darin geht ein
Spaziergänger auf

MITTEN IM LAND

Von den über Hänge
gestrafften Wiesen
gleiten und in
Getreidefeldern
wälzen sich Wind
und Windeskinder
Dort steh ich
dich seh ich
Herzschlag in meiner Zunge

VON HEUTE AUF GESTERN

Auf dem Land
Zitronenkuß
der Morgensonne

Über uns ebnet
ein Bussard die Luft

Unter die Arme
greift uns der Wind

Abzufaulen
schien der Himmel
gestern abend

LANDSOLO

Langsamer Wind
Getreidefeld
Wimpern am schläfrigen Sommer
Alleinsein mit wem

Sehr beeindruckt mich
das spürbar Unsichtbare.

LIEBENDE

Jetzt laufe ich auf Fingerkuppen
übers Stoppelfeld
Es sticht empfindlich lebendig
Dein Kinn meine Kindertage
In meinem Körper steigen
Lerchen und lassen sich fallen
Ich lieg so hingemäht an dir

MONSTRANZ

Gegen Abend schaukelt
junger Wind über die Hügel
läßt Grillen auf sich reiten
Kräuter Schierling Rosen
trägt unbekannte Farben
zum Baum auf dessen Spitze
die große Scheibe steckt

ZUTRAUEN

Leicht wie ein Fallschirm des Löwenzahns
deine Wange auf meiner Hand
Kopfpölster sind dir die Schwielen
Aufgehoben schweben

ASTRONOMIE FÜR ZWEI

Unten kriecht
die kleine Stadt durch den Nebel
Der Himmel ein
gefrorenes Feuerwerk
Venus war
im Skorpion geplatzt
Im Hintergrund
rauscht unser Blut

EREIGNIS

Gleich morgen sehr früh ist Sommer
Mit dem grünen Schurz des Gärtners
springt er über den Zaun
Das müßte man erleben
draußen gemeinsam die Hände im Tau

EINMAL

Es gibt auch im Sommer
einen Himmel von Herbst
Vor allem den Geruch
nach Schulbeginn am Morgen
Kastanienalleen

Alles was dich auffrißt
Das lange zähe Erinnern
immer kürzerer Tage
Und wehrlos wehrlos
wird der Stolz

MÜNZKUNDE

Wer hat die Zuneigung
auf sich gemünzt das seltene
Stück dir in die Hand
gedrückt hast nicht gebettelt

WAS DIE VÖGEL ERZÄHLEN

Astdicke Würmer verschlungen
Adler zum Absturz gebracht
Flüge hinter die Sonne
Bin vom Stern gesunken
sagt der Neuling
der taufrischen Träumer
bevor noch der Morgen
in Bäumen blüht

DER UNSICHTBARE

Den Tag beginnt er lesend in Bäumen
Man merkt es wenn er blättert
Später springt er herunter
läuft durchs Gras und schnuppert
an Büschen. Nachts schleicht er ums Haus
verpaßt den Türen Tritte
Will eingelassen werden
Fährt auf und hetzt von Stern
zu Stern fällt schnarchend in den Garten

ABEND AM MEER

Aber der Mond heute dünn
wie eine Strähne deiner Haare
ist mir in die Stirn gefallen

Das Meer hob und senkte sich
Deine Brust im Schlaf

Jede Welle kam als Lächeln
in die Umarmung der Bucht

HAUSTIER

Die Strophe dehnt sich
spreizt die Pfoten
Gähnt macht Buckel
Legt sich nieder
dreht sich um
Die Zeilen schnurren

Blicke säen, damit uns
die Augen aufgehen.

KURZER SOMMER

Tage vorgewärmt

Auf der Wange
ein unverhoffter Kuß
Du siehst und bleibst
vor Zuneigung taub

Im Herbst noch
Heu im Rücken

ICH WARTE

Beim Wein sitzen
den Körper bestechen
Wind kommt auf
Erregungssilber der Bäume
Der Himmel bereitet
Bleigießen vor

AM MORGEN

Wie der Funke zum Heuschober
springt der Tag ins Zimmer

Die Lunte am gestrigen Abend
hielt ich für eine Sternschnuppe
und dachte einen Wunsch

Übernächtig blaß
erscheint er jetzt
mit entzündeten Augen

OHNE MENSCHEN

Tagüber kniet
das Licht im Staub
Am Abend werfen Krähen
ihre Stimmen
in den Schatten

KALTSCHMIED

Mit seinen Fäusten härtet er Wasser
Der Kaltschmied hebt die Hand
Uns brennen die Wangen
Spaziergängern schneidet er Grimassen

ABSCHIED

Mit Gesichtern
von kleinen Katzen
die lang am Kinn
gestreichelt werden
Im Pelz die Tränen
der Vernunft

KÖRPER DES SOMMERS

Die hochbeinigen Tage
mit schwingenden Schritten
die für uns arme Schlucker
ihre Kleider heben
Wir schwören bei ihren
glänzenden Schenkeln
ihnen wolln wir gehören

EISZEIT

Bald paßt sich ein Reif
eng ans Land
zieht Leiber zusammen
Schafe wird es schnein
mit schwarzen Augen spitzen Zähnen
liegen über und über im Garten

RÜCKBLICK

Mit ihren Blicken
schneidet sie mir
ein Fenster aus

Schneebänder wehen herein
Windfetzen Gespräche der Vögel

Zügerollen
Später im Frühling
im Schulherbst noch
Schreie von Holz
unter der Säge

Die Sommer allein im Hof
Vakuum in der Brust

Das bittere ohnmächtige
erste Verliebtsein

UNGEBORENE WÖRTER

Für den Raum
zwischen zwei Lächeln

das Unbarmherzige
freundlicher Ratschläge

wenn der Wind
als Zitterrochen
Wiesen bestreicht

die scharfen Klingen
nichtgehaltener
Versprechungen

wenn Kiesel am Flußgrund
über Kiesel
zum Meer klettern

Ausreden die dich
auf den Mund fallen lassen

Den Schimmer hinter
geschlossenen Lidern

den Geruch
bevor die Schwüle
sich in die Luft sprengt

für ungeborene Wörter

VORBEI

Jetzt fliegen Hexen
über unsere Augen
und lassen es regnen

INHALTSVERZEICHNIS

Verstecke	9
Die Hand	10
Kleine Fahnen	11
Warten	12
Auf uns	13
Verwandlung	14
Schlechtwetter	15
Dokter Mond	16
Hoch im Jahr	17
Schöne ruhige Welt	18
Ausflug	19
Wellen	23
Zweifacher Herbst	24
Insel	25
Dieser Morgen	26
Waldsee	27
Porträt des Mädchens als junge Frau	28
Mitte des Sees	29
Spektrum	30
Stunden	31
Brücke	32
Eindruck	33
Die Eule	37
Am Fenster	38
Nach dem Winter	39
Trinker	40
Tonerde	41
Auf saurer Wiese	42

Windgier	43
Ende Dezember	44
Mitten im Land	45
Von heute auf gestern	46
Landsolo	47
Liebende	51
Monstranz	52
Zutrauen	53
Astronomie für zwei	54
Ereignis	55
Einmal	56
Münzkunde	57
Was die Vögel erzählen	58
Der Unsichtbare	59
Abend am Meer	60
Haustier	61
Kurzer Sommer	65
Ich warte	66
Am Morgen	67
Ohne Menschen	68
Kaltschmied	69
Abschied	70
Körper des Sommers	71
Eiszeit	72
Rückblick	73
Ungeborene Wörter	74
Vorbei	76